VENTE

Du Samedi 27 Juin 1903

HOTEL DROUOT, SALLE N° 6

à deux heures

TABLEAUX

ANCIENS ET MODERNES

AQUARELLES, DESSINS, GRAVURES

Mᵉ PAUL CHEVALLIER, commissaire-priseur

M. JULES FÉRAL, expert

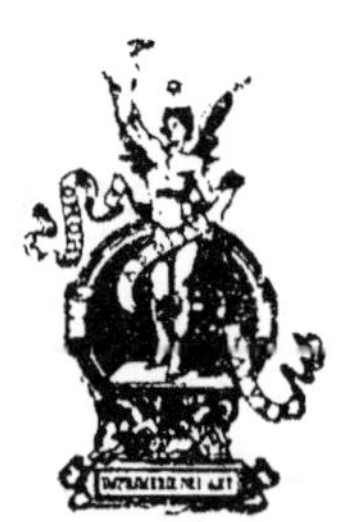

CATALOGUE

DE

TABLEAUX

ANCIENS ET MODERNES

De toutes les Écoles

AQUARELLES, DESSINS

GRAVURES, CADRES

DONT LA VENTE AURA LIEU

HOTEL DROUOT, SALLE N° 6

Le Samedi 27 Juin 1903

à deux heures

COMMISSAIRE-PRISEUR	EXPERT
Me PAUL CHEVALLIER	**M. JULES FÉRAL**
10, rue Grange-Batelière	54, faubourg Montmartre

EXPOSITION PUBLIQUE

Le Vendredi 26 Juin 1903, de 1 h. 1/2 à 6 h. 1/2

CONDITIONS DE LA VENTE

Elle sera faite au comptant.

Les acquéreurs paieront *dix pour cent* en sus des prix d'adjudication.

Paris. — Imp. de l'Art, E. Moreau et Cie, 41, rue de la Victoire.

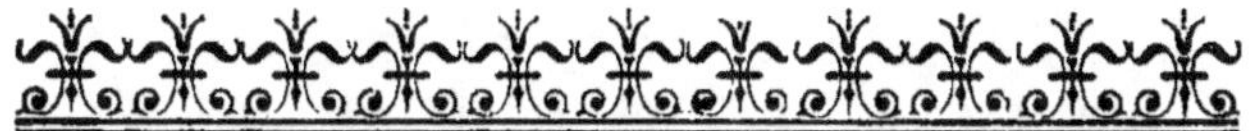

DÉSIGNATION

AQUARELLES, DESSINS
GRAVURES

1 — Gravure, d'après Raphaël.

2 — *Le Retour de la Chasse*. — *Les Artistes*.
Deux gravures, par Jazet.

3 — Six dessins des Écoles Française et Italienne.

4 — Six tableaux ou dessins anciens et modernes.

5 — Un fort lot croquis et gravures.

6 — Douze dessins ou aquarelles, par ou attribués à Prieur, Le Blond, H. Robert, Coypel, etc.

7 — Quatre dessins, par ou attribués à Charlet, Eug. Lami, Henri Regnault.

8 — Lot de vingt-quatre dessins de l'École Française. xviie et xviiie siècles.

9 — Vingt-trois dessins de l'École moderne.

10 — Vingt-sept croquis. Mine de plomb.

11-12 — Dix-neuf croquis. Aquarelle.

BÉRARD

13 — *Six aquarelles. Vues d'Orient.*

CARAN D'ACHE

14 — *Le Cheval mort.*
Lavis d'encre de Chine.

CHIFFLARD

15 — *Gravure.*

FAIVRE (Abel)

16 — *Oh, pardon!... je vous prenais pour un garçon de recettes!*
Crayon noir.

LANGLOIS DE SÉZANNE

17 — *Portrait de Femme.*
> Pastel.

LERICHE

18 — *Vase de fleurs.*
> Aquarelle.

PILLE (Henri)

19 — *Épisode des guerres de Vendée.*
> Aquarelle.
> Signée à droite.

TIEPOLO

20 — Onze dessins au lavis.

SUSEMIHL

21 — *Vues de Suisse.*
> Deux aquarelles.

VALÉRIO

22 — *Le peintre Charlet mort.*
> Dessin signé.

ÉCOLE FRANÇAISE

23 — *La Sainte Famille.*
> Gouache.

TABLEAUX

ANCIENS ET MODERNES

APPIAN

24 — *Fleurs dans un vase.*

BEAUQUESNE (W.)

25 — *L'Adieu au village.*
Signé et daté 1882.

BELLOTO

26 — *Vue de Venise.*

BOURGUIGNON

27 — *Josué arrêtant le Soleil.*

BRECKELENCAMP (Attribué à G.)

28 — *Intérieur hollandais.*

CHIFFLARD

29 — *Bataille gauloise.*
30 — *Tête de cheval.*
Étude.

CHIFFLARD

CHONÉ

COULON

CURZON

DAMOYE

DIAZ (Genre de)

DIETERLE

DONZEL

43 — *La Partie de bateaux.*

DONZEL

44 — *Paysage; effet de nuit.*

FRANCK (Genre de)

45 — *Sujet biblique.*

GOUPIL (Léon)

46 — *Jeune Femme en buste.*

HAUDEBOURG-LESCOT (Mme)

47 — *Intérieur romain.*
Signé et daté 1813.

JOUBERT

48 — *Vaches au pâturage.*

LAURENS (Jean-Paul)

49 — *Un Garde de Paris.*
Étude signée du monogramme.

LINGELBACH (Attribué à)

50 — *Route au bord d'un canal.*

MAAS (Nicolas)

51 — *Jeune Fille tenant une guirlande de fleurs.*

MARGOTTET

52 — *Le Rémouleur.*
Signé à gauche.

MATSYS (Attribué à Quantin)

53 — *Le Christ.*

MAZELINE (Jehanne)

54 — *La Féte du Mont-Carmel.*

MEINER

55 — *Nid et Fleurs dans un vase.*

MENGS (Raphael)

56 — *Portrait d'un maréchal en armure.*

MICHEL (Genre de)

57 — *Paysage : entrée de forêt.*

MILLET (Francisque)

58 — *Paysage historique.*

MONTICELLI (Genre de)

59 — *Cardinaux.*

MONVOISIN

60 — *L'Escarpolette.*

MORET

61 — *La Chaumière.*

MURATON (Mᵐᵉ Euph.)

62 — *Chien au repos.*

Signé à droite.

OUDRY (Genre de)

63 — *Chien au repos.*

Sur son collier le mot : *Géricault.*

PANINI

64-65 — *Ruines.* Deux tableaux.

PANINI

66 — *Ruines romaines animées de figures.*

RICOIS

67 — *Une Terrasse du château de Saint-Cloud.*

SUCHET

76 — *Marine.*

TROUILLEBERT

77 — *Bords d'Étang.*
    Signé à gauche.

VAN DER HELST (Genre de)

78 — *Portrait d'une Famille.*

VERBOECKHOVEN (Louis)

79 — *Marine avec bateaux.*
    Signé à gauche.

WATTEAU (Genre de)

80 — *La Promenade.*

WOUWERMAN (D'après)
(DEUX PENDANTS)

81-82 — *Le Départ pour la chasse au faucon. —*
Le Campement.

YON (Edmond)

83 — *Laveuse.*
    Signé à droite.

YON (Edmond)

84 — *Vue de Beaumont-le-Roger.*

ÉCOLE ALLEMANDE

85 — *Portrait d'Homme.*

ÉCOLE ESPAGNOLE

86 — *Homme à la guitare.*

ÉCOLE FLAMANDE

87 — *Le Jugement dernier.*

ÉCOLE FRANÇAISE

88 — *Jeune Femme vue à mi-corps.*
Pastel.

ÉCOLE FRANÇAISE

89 — *Le Repas des fermiers.*

ÉCOLE HOLLANDAISE
(DEUX PENDANTS)

90-91 — *Marines avec bateaux et figures.*

ÉCOLE HOLLANDAISE

92 — *La Halte.*

ÉCOLE HOLLANDAISE

93 — *Jeune Fille à la rose.*

94 — *Portrait de Femme à collerette.*

ÉCOLE ITALIENNE

95 — *Jeune Fille aux bluets.*

96 — *Deux sujets tirés de l'Histoire sainte.*

97 — *La Tempête.*

98 — *Sainte Véronique.*

ÉCOLE MODERNE

99 — *Intérieur sous Louis XV.*

ÉCOLE MODERNE
(DEUX PENDANTS)

100 — *Portraits.*

ÉCOLE MODERNE

101 — *Intérieur d'église.*

ÉCOLE DE SIENNE

102 — *La Vierge, l'Enfant Jésus.*
Peinture avec rehauts d'or.

103 — *Orphée. — Hercule.*
Deux peintures sur faïence.

104 — Dix tableaux anciens et modernes.

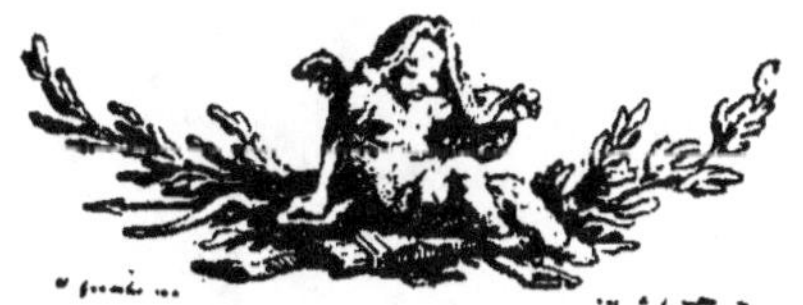